MW01243975

Cronos

Edwin Torres

Dedicatoria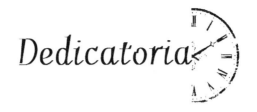

A las llegadas del amanecer,
cuando apenas aclaraban las mañanas,
en mi niñez trataba de entender,
el por qué día a día, padre te marchabas.

Consolándome con que regresarías al atardecer,
en mi infancia te seguía con la mirada,
y deseando tras de ti echar a correr,
te observaba desde el marco de mi ventana.

Tu imagen, empequeñeciéndose
hasta desaparecer,
con tus cariñosas despedidas,
que se esfumaban al aumentar la distancia.

Luego de dos décadas pasar,
cuando soy un hombre hecho y derecho,
tras las vueltas que el mundo suele dar,
he vuelto a vivir bajo tu techo.
Ahora, a tu trabajo no te veo marchar,
pues de las jornadas te has retirado, mi viejo.

Ahora soy yo el que parte en las mañanas,
viendo cómo me observas desde tu balcón.

Tomando tu café en aquella misma taza,
mirándome y dándome tu bendición.

Con tus cariñosas despedidas,
que se esfumaban al aumentar la distancia.

Para Edwin Torres, Padre

Índice

Prólogo

Edwin Torres Aponte, oriundo de Santa Isabel, Puerto Rico, "Tierra de Campeones", se le conoce como "El Caballero de la Poesía", y en su nuevo libro, "Cronos" desnuda su esencia a través de sus letras. Establece con el lector un diálogo franco, sin miedos, dejándonos ver a un hombre enamorado, al poeta.

Por sus páginas destilan viñetas de ternura, apelaciones al coraje de vivir, de amar. Llamados a responder a los que nos necesitan, aunque no lo digan, porque casi siempre, no se atreven a revelarlo. Detrás de cada uno de sus poemas se esconde un perfume de mujer, el reclamo al tiempo inmisericorde, que no perdona, a esas horas que pasan veloz sin dar tregua por más que intentemos detenerlas. Reclama también, a las trampas que nos pone la vida, a ese abrazo que no dio, a los besos que se quedaron en el tintero, a lo que fue, a lo que no pudo ser; a las despedidas prematuras, a los sueños que se diluyeron, y como una gota de lluvia se perdieron en la profundidad del mar.

El autor posee una prosa literaria efectiva, logrando capturar de inmediato la atención del lector, que en los tiempos de hoy, está en peligro de extinción. Son muchos los estímulos que golpean al leyente, Edwin, tiene la magia de, hacernos ver sin estar, sentir sin tocar, llorar sin estar triste, y sentirse acompañado estando solo.

En sus versos utiliza metáforas exquisitamente bien logradas. "Está oscureciendo, la lluvia no termina. En mi copa busco la gracia, empujando mi cordura a la deriva". "Más no así tú aroma; tú aroma se quedó plasmada en mi ropa. Y aunque pasaron los días y las horas, nunca se marchó de mí, el gusto y el sabor de los besos de tu boca". "Cada crepúsculo me quita un día del calendario, cada aurora me anuncia que otra noche ha dejado de ser".

Torres, se resume a sí mismo haciéndose el protagonista de cada historia, con una capacidad de hacernos entender los dramas que acompañan los misterios del amor. Con un afán, que no fatiga, reclama el amor con transparencia, esa es tal vez, la magia de su poesía.

Seguramente, después de leer los poemas aquí escritos del escritor puertorriqueño, le hará honor a su pueblo, proclamándolo el campeón del romanticismo.

Todos..., recordaremos su nombre.

Linda Pagán Pattiserie
2018 Best Novel Romance
International Latino Book Award

Quinto Acto

Primer acto

Adolescencia,
colores vino y blanco durante el día.
Una pregunta… primera sonrisa.

Segundo acto

Comienzo de la adultez,
colores oscuros durante la noche.
Una pregunta… segunda sonrisa.

Tercer acto

Adultez,
Colores, negro y azul celeste
durante la noche y el día.
¿Preguntas?... tercera sonrisa.
Conversaciones cortas,
abrazo fugaz… continúan las sonrisas.

Cuarto acto

Tormentas, incertidumbre, ausencia.
Búsqueda, preguntas, contestación... ¡Nupcias!
Media sonrisa.

Quinto acto

Adultez tardía,
¿Habrá colores?
¿Habrá tiempo?
¿Habrá sonrisas?

 *Vigilante*

Sentado en el mismo asiento,
atrapado en otro instante.
Albergando el mismo pensamiento,
voy marcando otro día en el almanaque.

En otro perder del tiempo,
en el mismo pequeño espacio errante.
Sobre el fallo de otro entusiasmado intento,
observo lo mismo, convertido en un vigilante.

Soy el mismo niño inquieto,
soy otro hombre con muchas interrogantes.

El Reloj que Cuelga de mi Pared

Tengo una relación extraña con el viejo reloj
que cuelga de mi pared.

Me mira, y sonriéndome me dice:
"Hoy tienes menos tiempo que ayer.
Y mañana, tendrás menos tiempo
que el que tienes hoy.
Y llegará el momento, en el que no tendrás
tiempo para hacer las cosas
que debes hacer ahora.
Entonces, te sobrará el tiempo para lamentarte
por todo el tiempo que has perdido.
Estoy aquí para recordarte, como minuto a
minuto se te acaba la vida."

Lo miro, y también sonriéndole le digo:
"El tiempo de tu batería también se termina
reloj estúpido"

Víspera

Las horas han dejado de ser lentas,
y sin notarlo, solo faltan minutos
para la medianoche.
Sin percibir que el tiempo anda de prisa,
viajo en sentimientos que aún no conoces.
Olvidando que el año está de partida,
te pienso mientras el reloj se acerca a las doce.
Y entre el ruido de la música y la pirotecnia,
mis pensamientos se tornan
en letras, poemas y canciones.

En este poco tiempo
es mucho lo que te he soñado,
en esta víspera no te has marchado
de mi mente.
Medito en cómo apareciste al final del año,
en la hermosa tarde cuando te vi de repente.
Como con pasión anhelé tomar tu mano,
apenas en la última semana de diciembre.
Y aunque para ti, no sea más que un extraño,
para mí, es como si hubieses estado
desde siempre.

Visitante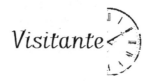

Anhelando tus besos de manera delirante,
correré kilómetros hasta llegar a tu lugar.
Para hacerte feliz por un instante,
gustaré de la dulce miel que destila tu panal.
Solo soy un simple visitante,
que pretende que tu cuerpo
manifieste hospitalidad.
Para en ti reposar mis caricias
pasajeras y errantes,
sin que llores porque me tengo que marchar.

Para que tengas de mí el recuerdo,
de que también se ríe y no solamente se llora.
Te daré mis mejores versos,
aun si fueron inspirados en más de una persona.
Procuraré alojar mis besos,
y dar asilo a mis ideas locas.
Aliviaré de pronto mis tormentos,
en el lugar donde tu cuerpo reposa.
Logrando mis deseos
de amanecer con otro cuerpo,
traicionando el tiempo que tanto me traiciona.

Continúa la Espera

¿Cuánto tiempo aquí?
Perpetuando el sonido,
de mi puño tocando a tu puerta.

¿Alguna noche querrás abrir?
Descansa el ruido,
y en mi mano el calzado de Cenicienta.

¿Ya te irás a dormir?
El silencio queda conmigo,
los buenos deseos no reciben respuesta.

¿Es momento de partir?
Los jardines han desaparecido,
y la vigilia de la noche me atormenta.

¿Has encendido tu candil?
A través de la celosía no percibo tu guiño,
mas imaginarlo me convence… continua la
espera.

¿Cuál es tu Horario?

¿Cuál es tu horario?
Constantemente lo has explicado,
mas por distraído y tarado,
no logro recordarlo,
y de tu jornada no me doy por enterado.

Te busco ilusionado,
pero siempre ocupada estás en algo.
Tus actividades, tus compromisos, tu familia,
y yo, debo aceptar ser el último en la fila.
Tu trabajo, tus pasatiempos
y tus quehaceres del hogar,
me han inmovilizado en el último lugar.

¿Cuál es tu horario?
Nunca sé cuándo es tarde,
nunca sé cuándo es temprano.
Imposible es saber si estás en tu hogar,
o si estás en el trabajo.

¿Cuál es tu horario?
Quisiera verte ahora.

Estar frente a frente ante tu persona,
quererte sin atormentarme por el tiempo,
y amarte… sin importarnos cuál sea la hora.

¿Cuál es tu horario?
Nunca puedes contestar cuando te llamo,
pero cuando menos lo espero,
eres tú, quien me anda buscando.
Y lastimosamente, para tu dolor…
yo también tengo mi propio horario.

El Vino se Acaba muy de Prisa

La botella está por la mitad…
el vino se acaba muy de prisa.
En mi copa busco la gracia,
empujando mi cordura a la deriva.

¡Te ofrezco mis amargas verdades!
Las cambio por deliciosas mentiras.

Acompáñame,
regrésame la sonrisa.
Acaríciame,
regálame un poco de alegría.

¡Ruidos impostores!
me engañan con el falso cumplimiento,
de la promesa de una añorada visita.

¿Quién imita tus pasos?
¿quién se acerca llevando tu perfume?
¿a quién ladran mis perros?
¿acaso es tu voz la que pronuncia mi nombre?

Está oscureciendo,
la lluvia no termina.
En mi copa busco la gracia,
empujando mi cordura a la deriva.

La botella está por la mitad…
el vino se acaba muy de prisa.

Apresúrate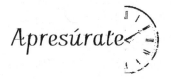

Apresúrate...
que nuestros cuerpos necesitan fusionarse.
No des tregua al tiempo inclemente,
pues él siempre será inmisericorde.

¡Aligera!
Que tu andar sea más veloz,
que el amanecer que no nos comprende.
Derrota a las agujas del reloj,
esas caminantes crueles
que por nada se detienen.

Los días siguen su camino,
y las pasiones pueden menguar.
Mi vigor, no siempre será el mismo,
y las ansias algún día se han de marchar.
Mas hoy soy un torbellino,
con una pasión rebelde
que no se quiere individualizar.

Cada crepúsculo
me quita un día en el calendario,
cada aurora me anuncia
que otra noche ha dejado de ser.

Llega hasta mí,
avanza.
Ven, para que no te vuelvas a ir,
y así pongas fin a tu andanza.
Una vez estés aquí… no temeré,
al tiempo que continuamente nos amenaza.

Tuve una Rosa para Ti

En mis manos tuve una rosa para ti,
ataviada de alegría e ilusión.
Deseoso de rosarla en tu nariz,
y cautivarte con lo mágico de su olor.
Con esta rosa quise hacerte sonreír,
y junto con ella entregarte mi corazón,
pero igual que todo lo que te quise compartir,
esta rosa en mis manos se quedó.

Ahora…
Su belleza es sumergida en el deterioro,
y sus pétalos con el tiempo caerán al suelo.
Abandonada en el reposo de mi escritorio,
junto a una multitud de escritos muertos.
Sobre un poema ilusorio,
realidades que no pasaran de ser un sueño.

Solo Quiero que Vengas

La noche oscurece en mi patio,
solo atestiguan las estrellas.

Mi reloj, camina lento y cansado,
marcando con el tic tac el ritmo
de una interminable espera.

Sobre el banco de madera aguardo sentado,
para que livianamente te sientes
sobre mis piernas.

¡Qué tu juventud me haga sentir novato!
y tu erótica ternura me conmueva.

Hasta que mi deseo al fin sea saciado,
hasta que tu curiosidad logre quedar satisfecha.

No pretendo que te quedes a mi lado,
solo deseo que vengas.

Noche de Jueves

Esa noche de jueves
solo se escuchaba el viento,
no había compañía
cuando me visitaba la tormenta.
Mas percibiste el grito
de un llamado en silencio,
que sutil se escondía tras unas cuantas letras.
Y los dos nos miramos sin ver nuestros reflejos,
ante el tenaz azote de la naturaleza.

Y en el coqueteo de nuestras respiraciones,
no hizo falta la luz en mi habitación.
E inmóviles los ventiladores,
las paredes dejaron de ser mi prisión.

Tu canción se paseó por mis oídos,
y tus gracias provocaron mil carcajadas.
Aquella noche debía de estar dormido,
pero las horas no se mostraron largas.
Mi corazón quiso quedarse contigo,
cuando mi alma, a la tuya se enlazaba.

Fugaz

Muy cerca del mar… en la orilla.
Las olas, el bramido, la espuma, y la brisa.
Lectura que provoca pasión, tristeza y risa.

Sentado en mi silla con los pies descalzos,
mis sucios y malolientes zapatos
tirados a un lado.

Sentado aquí toda una tarde,
me invade el cansancio y el hambre.
Mas insisto en que debo esperarte,
por favor no llegues tarde.
No permitas que desista de este romance,
comprende que para los enredos del amor
soy un cobarde.

Tu visita fue fugaz como el viento,
y más fugaces que el viento fueron tus besos.
Tan fugaces como las estrellas
que caen del cielo.
Como un torbellino, llegó
y se marchó tu cuerpo.

Quedando solo en mí los deseos…
quedando solo en mí el recuerdo.
Quedando sobre mí, el suspiro de tu aliento.
Tú y todo de ti se marchó en un momento.

Mas no así tu aroma;
tu aroma se quedó plasmado en mi ropa.
Y aunque pasaron los días y las horas,
nunca se marchó de mí,
el gusto y el sabor de los besos de tu boca.

No Tengas Prisa

Nuevamente llegas con prisa,
esa con la que siempre andas,
que solo me permite acercarme a tus orillas,
sin lograr sumergirme
en la profundidad de tus aguas.
La que me limita las porciones de tus sonrisas,
y hace nula la intensidad de mis palabras.

Otra vez, quedo insatisfecho de tu cuerpo,
sin lograr saciarme del toque de tus labios.
Pues para diligencias somos muy serios,
pero para el amor
estamos demasiado ocupados.

¡Maldigo los relojes,
los deberes y las agendas!

Condeno las mañanas ocupadas,
las tardes muy cortas,
y las noches que son prohibidas.

No tengas prisa,
por un momento no estés tan apresurada.

Para ti he separado este día,
hoy deseo verte calmada.
Como tú, sacrifiqué tiempo para esta cita,
olvidando mensajes e ignorando mil llamadas.
Por favor, estate quieta en esta silla,
démosles un tiempo a nuestras miradas.
No me dejes solo con mis cuitas,
concédeme contigo una alborada.

Pagaría,
para que conmigo estuvieses tranquila.

Moriría,
para que tuvieses tiempo de sentirte amada.

Trapos

Agarro mis revueltos cabellos,
saturados de sucio, caspa y sudor.
Los desmenuzo con los dedos,
atrapado en un mar de ternura y furor.

Miro las esquinas del techo,
a las abundantes telarañas
que se han acumulado con el pasar del tiempo.

Mis piernas, cruzada una sobre la otra,
en una cama desnuda y sin sábanas,
que recibe el peso y el sudor de mis espaldas.

Cubro con las manos mi cara,
recordando con rabia y con amor,
las horas compartidas con mi amada.

Y luego de tanto pensar…
los trapos ya no logran ser suficientes,
para limpiar tanta humedad.

Solsticio

Dejando morir todo lo que habíamos soñado,
marchaste a cumplir tus propios sueños,
ilusionando a un joven esperanzado,
con la promesa de que pronto
estarías de regreso.

Te fuiste a lugares desconocidos,
a una preparación de cuatro primaveras.
Mi alma lloró en esos días solsticios,
que se extendieron mucho más de una década.
Días como el de Josué,
días como el de Isaías,
donde el reloj no se quiso mover,
donde para mí el tiempo retrocedía.

Ahora luego de tanto, regresas triunfante.
Cubierta de créditos, diplomas y títulos,
que ante la sociedad te hacen lucir más elegante.

Ahora vuelves, a buscar al abandonado
de tu juventud,
como madre que dio a su niño en adopción,
y luego de una vida vuelve arrepentida
buscando su amor.

Quisiera decirte que soy un doncel,
pero en esta etapa de mi vida
he conocido a más de una piel.

Pues ya no soy mozo, ni tampoco mozalbete,
porque con el lento pasar de los años,
me he convertido en un hombre fuerte.

Y lo que guardé para que fuera tu espacio,
aquel mismo lugar que un día señalé
para convertirlo en nuestro tálamo…
en todo este tiempo me encargué,
que, por más de un cuerpo,
haya sido habitado.

Tropiezos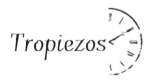

Tropiezos,
me impidieron sonreír ante su sonrisa.

Encuentros logrados,
por dos seres que nunca se lograron encontrar.

Incansable fue la espera
para que sanaran las heridas,
larga fue la esperanza de volver a amar.

Absurdo fue pensar,
que ella pensaría igual.

Mas hoy la veo sonreír,
ante otros ojos, ante otro rostro.
Ríe sin pensar en mí.

Imposible es no sentirse solo.

Ella será feliz, y yo aprenderé a fingir.

 # Él Camina Feliz

Él camina feliz,
su andar es alegre.

Camina como yo caminé en abril,
cuando era mi costumbre besarte en la frente.

La expresión que lleva en su rostro me es
conocida,
sí… es muy parecida a la que me provocabas.

En él, veo aquella misma sonrisa,
con la que yo sonreía cuando decías que me
amabas.

Seré un Recuerdo

Seré solo un recuerdo,
de grandes glorias y de intensos momentos,
de abundantes lágrimas y dolorosos tormentos.
Seré solo el recuerdo,
de aquel hombre que no merece tu recuerdo.

Seré un recuerdo vivo,
de aquel hombre al que le faltaba un tornillo.
Del que mañana te preguntarás
a donde habrá ido,
el que tal vez hubiese sido el padre de tus hijos.

Seré un recuerdo eterno,
aunque solo estuve por un periodo de tiempo.
Seré un recuerdo inmortal,
aunque de la vida me vayas a desterrar.
Seré un transitorio permanente,
que por momentos surcará
los rincones de tu mente.

Seré un recuerdo fortuito,
que de pronto vendrá cuando estés leyendo,
o cuando estés con tus amigos.

Que te hará enmudecer por un momento,
y tu mirada se perderá
como si observarás el viento.

Destruye mis cartas,
quema mis poemas,
arroja mi retrato al cesto de la basura,
quita mis recuerdos de tu alcoba.
Que, aunque pretendas borrar nuestra historia,
esta siempre será contada en tus memorias.

Nostalgia

El pasado,
lo que viví y no percibí.
Episodios que no se repiten,
memorias que no vuelven.

Ilusiones que con los años dejé,
momentos de los cuales me quejé,
lugares donde no me quedé,
recuerdos de la niñez.

Sentimientos encontrados,
enmarañados y perturbados.

Hoy anhelo el techo que
tanto me esforcé por dejar,
la comida que no comía de mi mamá,
y los consejos que no escuchaba de papá.
Extraño a mi hermano muerto,
y a mis hermanas ya casadas.

A mis amigos...
los que han viajado lejos,
los que han muerto,
y los que están en encierro.

Mis maestros de la escuela,
aquellas leyendas que golpeaban con la regla.
Hoy, a la mayoría el seguro social los sustenta.

Amores imposibles,
viejos perfumes,
canciones pasadas,
fotos borrosas.

Nostalgia le llaman a esto que siento,
querer atrapar lo que se marchó con el tiempo.
Llorar aquéllos bellos momentos,
que por el andar del reloj han sido desechos.

¡Nostalgia déjame en paz!
Aquello que ayer era el presente
ahora ya no está.
Y el día de hoy, si no lo vivo,
mañana también lo voy a llorar.

Quizás Será Hoy

Quizás será hoy...
que al fin se logre ese encuentro glorioso,
ocasionado por lo imprevisto de una cita.
Que se cumpla mi deseo de ver tus ojos,
y de sonreír ante la extrañeza de tu sonrisa.
Tal vez hoy, he de estar ante ti nervioso,
mostrándote mi inseguridad tan fingida.
Y te divertiré, sin dejar de ser caballeroso,
ganándome así, lo imposible de tu estima.

Quizás será hoy...
que te cuente mis anécdotas e historias pasadas,
y te diga mis mejores chistes guardados.
Tal vez hoy, tendré contigo
esa conversación tan ensayada,
y te pronuncie mis piropos más reservados.

Quizás será hoy...
El día en que dejes de ser un fantasma,
y al tenerte en mis brazos,
te sienta tan real, te sienta tan humana.
Tal vez hoy, surjan esos pertinentes lazos,
que se ocuparán de sujetar nuestras almas,
sin importar cuántos sean los pedazos.

Hoy, conduzco sin saber tu dirección.
Hoy, camino sin saber dónde está mi destino.
Hoy, abrazo la esperanza
sin saber si he de encontrarte.

¡Hoy!

Quizás será hoy…

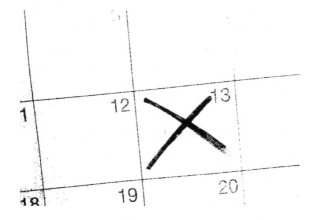

 *Reencuentro*

Diferente, cambiada, más mujer.
Más experiencia, ¿quizás?
Cuerpo erguido, mirada atrevida.
Frente en alto, sin que tiemblen tus manos.
Contacto visual, no miras al suelo.
Te presentas sin miedos, sin complejos.

Seguridad en tus palabras.
¡Ya no eres tan callada!
¿Cuánto tiempo desde nuestro
último encuentro?
¿Diez años? ¿un poco más, un poco menos?
me da igual.

En el mismo lugar donde tantas veces te vi,
te vuelvo a encontrar.

Siempre te vi como amiga y como hermana,
mas ahora, por ti muero de ganas.

Mis pensamientos se desvían,
hacia un lugar más apartado y atrevido.

Ahora, después de tantos años estoy aquí,
con mis manos en tus muslos,
sentado frente a ti.

Pensando en hacer lo que nunca pensé.
Admitiendo lo que siempre negué.
Cerca, muy cerca,
de aquello de lo que tanto me alejé.

Eras de Él

Eras de él,
y él era mi amigo.
De tus ojos me enamoré,
mas para mí eras un bien prohibido.

Te miré en mi juventud,
cuando el corazón aún era sensible.
Y sin imaginar que eras tú,
luego de diez años volví a sonreírte.

Ya no eres de él,
mas él sigue siendo mi amigo.
Sigo enamorado de tus ojos
como la primera vez,
a pesar, de que el tiempo, los ha vuelto fríos.

15 Minutos

Durante 15 minutos…
hagamos un paréntesis a nuestra formalidad,
y sin miedo a perder tu confianza y amistad,
permíteme hablarte con la verdad.

Cansado estoy de fingir que me eres indiferente,
y de callar los locos pensamientos
que existen en mi mente.

Concédeme 15 minutos para hablarte,
y sin timidez expresarte mis deseos de besarte.
Decirte que suspiro por las ganas de tocarte,
o porque tú, sin más,
algún día te decidas a tocarme.

En solo 15 minutos…
quisiera descubrirte todo lo que llevo oculto,
y mostrarte como alborotas mi mundo,
con tu cara, tus pechos y tus muslos.

En 15 minutos de sinceridad,
me esforzaré para poderte explicar,
que esto, que en solo 15 minutos escucharás,
en mí… ha vivido, toda una eternidad.

Mujer Madura

Tu amabilidad...
tu seriedad,
tu porte,
tu seguridad.

Tu elegancia
cruza fronteras entre la sencillez y la arrogancia.

Tu rostro,
aunque no es de marfil,
goza del más intrigante perfil.

Hermoso y brillante candil,
de seductora madurez femenil,
qué importa si ya no eres juvenil.

Unas pocas canas,
unas pocas arrugas,
anuncian que tu hermosura,
corresponde a la de una mujer madura.

Desconozco cuál será tu edad,
o cuántas primaveras me llevas por delante.

Si apenas me alcanza el valor
para contigo hablar,
¿cómo me atreveré a preguntarte?

 *Paséate*

Paséate, con la exquisitez de tus cuarenta,
que trae dos veces la hermosura de tus veinte.

Eres canasta provista de frutas,
de frutas que calladas invitan a comerse.

No te cohíbas de andar desnuda,
prohíbe a mis ojos la libertad de estar ausentes.

¿Quién me diera la fortuna?
De librarme de este fuego tan ardiente.

Tu cuerpo es para mí la tortura,
de poder desearte sin poder tenerte.

¿Para Dónde Vas?

¿Para dónde vas?
Sí… sé que el momento de irte llegará.
Entonces, abrirás tus alas para elevarte,
y este suelo en donde estoy quedará muy bajito.
¡Pero aún no!
Pues ha sido muy poco el tiempo
que has estado a mi lado.

¿Para dónde vas?
Sí… sé que la aventura te espera,
y que las experiencias son necesarias,
y tus ojos aún no han visto todo
lo que pueden ver.
Mantenlos abiertos, no los cierres,
pues la vida se escapa en un pestañear.

¿Para dónde vas?
Sí… sé que es incómodo.
Disculpa la pregunta,
si no lo deseas no te forzaré a contestar.

¿Para dónde vas?
Sí… sé que si te amo debo dejarte ir.

Y aunque me ames,
tu amor no te obliga a quedarte conmigo.
Vuela, corre, forma tu propio camino.
Pero sobre todo recuérdalo,
por si decides regresar.
Porque yo… no pienso ir a ningún lugar.

para mis hijos

La Niña Llora

La niña llora…
por la falta de su compañía,
por la culpa que la agobia,
por la pérdida de su niña.

La niña llora…
asaltada por la tristeza,
invadida por el coraje,
sufriendo la dolorosa pena,
de haber confiado en manos confiables.

La niña llora…
y aun cuando el consuelo le sobra,
este no logra ser suficiente,
pues el vacío que ahora existe en su alcoba,
la atormenta aún mientras duerme.

La niña llora…
y su lloro es persistente,
es un río,
que ni aún el tiempo lo detiene.

Cuando fui Ciego

Hubo un tiempo en que fui ingenuo,
cuando solo veía tus bondades.
Un tiempo en que no conocía del mundo,
y para mí eras la mujer más elegante.
Cuando en mis planes futuros,
no era un dilema contigo casarme.

Mas estos ojos que un día
vieron la luz del atardecer,
me recuerdan de manera constante,
que en este mundo hay mucho para ver,
y que ver el interior no es lo más importante.
Estos ojos que ahora me permiten
la vista y el placer,
son los mismos que ahora no me permiten
amarte.

De las rosas solo amo
los hermosos y pasajeros pétalos,
mas poco me interesan
las ocultas y estables raíces.

Cuando fui ciego te amé,
pues al ser ciego no veía lo que veían los demás.

No tenía la capacidad de ver la belleza externa,
ni gozar del hipnotismo de la superficialidad.

Cuando era ciego, no veía muchas cosas.
En ese entonces... veía de verdad.

Inspirado en la novela "**Marianela**"
De *Benito Pérez Galdós*

Amanecido en el Muelle

Un bostezo intenso,
los párpados levemente pesados.
Miro mi reloj, y veo que ya no son las ocho,
siento un tenue ardor en mis ojos.
Las nueve, las doce y las tres
son vigilias pasadas,
ya son las cuatro de la mañana.

Una fría brisa golpea mi piel,
se aproxima el amanecer.
Miro al horizonte, pensativo y entristecido,
sentado pesadamente al extremo de este muelle.
¿Así termina la noche?

Hace unas horas fue la reunión número 15
de mi clase escolar,
y aquí estuve, aunque nunca
me llegué a graduar.
La que siempre quise que fuera mi novia,
ahora está bastante gorda,
y del que todos se querían burlar,
hoy es el más popular.
En quince años todo ha cambiado,
yo mismo he engordado y estoy medio calvo.

45

¡Mucho reímos los viejos amigos!,
¡fue una gran idea habernos reunido!

Aunque con mucho pesar...
tuve que aparentar que tengo una vida perfecta.
Hasta hace un rato el tablado estaba lleno,
baile, karaoke, bebida y perreo.
Pero ahora, todos se han ido,
el lugar antes repleto ahora está vacío,
solo vasos y latas quedaron en el suelo.
La fiesta terminó, el pop cerró,
y los empleados no terminaron de limpiar la
basura que quedó.

Puedo escuchar ruido a la distancia,
un carro con música a la orilla de la playa.
Jóvenes, que a pesar de que ya son las cinco de
la mañana,
se niegan a llegar a sus casas.
¡Irónico! ¡Cómo quisiera yo estar en mi casa!

Hace unas horas,
una joven me hizo sentir apuesto,
y con ella gasté lo que me quedaba de dinero,
sin acariciar ni una pequeña parte de su cabello.

Añoro a mis hijos,
que en esta noche no estuvieron conmigo,
pienso en ellos y en todo aquello
que he perdido.
Medito y me repito: "Ya no eres el mismo",
"Estás cansado", "Estás rendido".

El firmamento está aclarando,
la oscuridad a lo lejos se dispersa,
es hermoso ver el amanecer en todo su apogeo.
Sin notarlo he comenzado a llorar,
las penas con la bebida no se pueden ahogar,
ni con la música se pueden silenciar.

Al reloj vuelvo a mirar, ya es de mañana.
Este muelle tengo que dejar,
aunque no tenga ganas.
Otra vez vuelvo a bostezar,
mis párpados ahora pesan más.
A pesar de que no he dormido,
debo ir a trabajar,
y allí, ante mis actuales compañeros,
volveré a aparentar que tengo una vida perfecta.

Llegaré

He caminado mucho,
he dedicado años de mi vida a este andar.

Horizontes enfocados,
seguridad en mis pasos,
caminos trazados.
Obstáculos vencidos,
tropiezos superados.

Pero ¿a dónde he llegado?,
¿en qué lugar estoy?,
¿será que la brújula se equivocó?
Hoy no me siento tan convencido
de hacia dónde voy,
hoy cuestiono mi propio rumbo.

¿Será muy tarde para regresar?,
¿habrá juventud en mí para comenzar
en una nueva dirección?
¿Y los que me han seguido hasta aquí?,
¿qué de ellos?

Cosas que antes no entendía,
ahora las comprendo,
y muchas otras que pensaba entender
por completo,
ahora son incomprensibles para mí.

Estoy seguro de que llegaré,
pero no sé adónde.

Palabras de un Anciano

Mis mejores años…
mis momentos iluminados,
mis eternos veranos.

No veía ni sentía el cansancio,
caminaba y corría, brincaba y bailaba.
Hablaba y las personas me escuchaban,
mis hijos, sentados a mi lado me admiraban.
Mi sonrisa era coqueta, mi dentadura completa.
No temía a los truenos ni a las tormentas.

No sé cómo paso…
fue con la sutileza de un rayo de sol.
Las columnas que sostenían a mi juventud
se quebraron.
Los de mi generación, saben de lo que hablo.
He crecido y he madurado,
las canas en mi cabeza y en mi barba
me han acusado.
Toda mi ropa deportiva,
fue vendida en una venta de marquesina.
Un intento de salto marea,
y las caminatas fatigan,
prefiero quedarme sentado en mi silla.

Mi dentadura ya no es mía,
y ya he olvidado lo que fue la piel lisa.

Las personas ya no me quieren escuchar,
y ni siquiera mis hijos conmigo quieren hablar.
Mis conversaciones no son tan interesantes,
no los sorprendo como solía hacerlo antes
y es que, en mis largas charlas,
las pausas abundan más que las palabras.

Recuerdo vacío, mente vana,
memoria inactiva, archivo borrado.
Ya no recuerdo quienes fueron
mis compañeros de la escuela,
ni el nombre de aquella señora
que fue mi abuela.
Para colmo, también olvido
que la niña que me cuida es mi enfermera.

Mi vista se distorsionó,
se le escapó la definición.
Leer libros lo que fue mi pasión,
lo cambie por tratar de entender
las recetas del doctor.

Ha llegado mi otoño,
y como árbol he sido deshojado.
Mis piernas flaquean, mis manos tiemblan,
y mi cabeza da vueltas.

El músculo que con tanta fuerza levantaba,
hoy solo cuelga.

Cada día es doloroso,
y la soledad recae sobre mis hombros.
Los años se lanzaron como saetas mortales,
y nunca vi que venían dirigidos hacia mí.
Tarde logré percibir,
como poco a poco se acercaba mi fin.

Mi cuerpo está para el entierro,
mis sentidos por el uso están desgastados,
y mi fecha de expiración está llegando.

Mucho quise decir y hacer,
mas el valor para el momento nunca encontré,
y sin notarlo me sorprendió la vejez.

Tal vez algún día diga,
tal vez algún día haga,
o tal vez la muerte se lleve
mis deseos y palabras.
¡Aun no estoy muerto!
¡Aunque esté viejo,
todavía siento y padezco!

No quiero morir sin confesar…
no quiero irme sin que el mundo sepa
lo que guardo en mi pecho.

Esta Tierra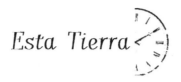

Esta tierra…
en la que mis manos han trabajado desde
muchacho,
es la misma en la que de niño caminaron mis
pies descalzos.

Esta tierra…
cómplice silente de todo lo que mi alma lleva,
ha sido testigo de mis alegrías y mis penas.

Por mis años que pasaron de manera veloz,
surge un sentimiento desde mis entrañas.
Y por las memorias que el tiempo no se llevó,
en mi corazón crece la añoranza.

Desde mi alma se escucha un clamor,
mientras el vigor se desprende de mi cuerpo.

Esta tierra…
que va absorbiendo todo lo que llevo dentro,
mis fuerzas, mis energías, mis risas, mis
sentimientos.

Esta tierra…
de la cual he sido formado,
la escucho en silencio que me está llamando,
haciéndome saber que me está esperando,
diciéndome, que ya es tiempo…
de a ella, haber regresado.

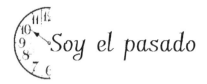

Soy el pasado

Soy el pasado…
el que se ha marchado lejos,
sin importar si tu vida ha sido satisfactoria.
Soy el padre de tus recuerdos,
soy el causante de tus memorias.
Soy el elogio de momentos inmensos,
soy el reproche de una vida carente de historias.
A mí, acudes para revivir aquello que fue
intenso,
y para lamentar lo que pasó sin pena ni gloria.
Ya no estoy para ti dispuesto,
mas siempre apareceré cuando la nostalgia visite
tu alcoba.

Soy el presente

Soy el presente…
soy lo que está sucediendo "Ahora",
¿cómo puedes ser tan indiferente?
Soy el resultado del pasado que lloras,
soy la llave para que el futuro sea diferente.
Estoy para ti, aunque no lo notas,
mas no pienses que estaré para siempre.
Soy como todo lo que se agota,
no me dejes ir tan inútilmente.

Soy el futuro

Soy el futuro…
soy donde habitan tus sueños.
Soy idealizado,
a la vez soy incierto.
Por unos soy anhelado,
y otros por mí viven temiendo.
No estoy muy lejano,
pues poco a poco los días van cayendo.
Pronto seré tu presente,
luego seré tu pasado.
¡Lucha por lo que quieres!
Quiero encontrarte preparado.

Soy el Tiempo

Soy el tiempo…
día a día voy consumiendo tu energía,
te lo anuncia el calendario.
Sutilmente te quito la vida,
te lo dice tu rostro,
cuando en el espejo te miras cansado.
Soy el tiempo…
soy tu mayor recurso,
soy tu mejor amigo.
Soy tu mayor verdugo,
soy tu peor enemigo.
Soy el tiempo…
puedo ser malo, puedo ser bueno.
Algunos dicen que las heridas sano,
otros dicen que soy buen maestro.
Igual soy para todo ser humano,
pues por ninguno espero.
Te permito vivir…
mas nunca me detengo.

Edwin Torres

Edwin Torres, conocido también como "Teseo" y como el "Caballero de la Poesía", nació el 18 de octubre de 1982 en Ponce, Puerto Rico. Se crio en Santa Isabel, Puerto Rico, en el residencial Rincón Taino. Comenzó a escribir poesía a los 27 años como una forma alterna de expresar sus sentimientos ante la imposibilidad de expresarlos verbalmente en ese momento. Estudió Teología en el Instituto Bíblico Peña de Horeb y en el Colegio Bíblico del Caribe. Fue ministro cristiano desde el 2003 hasta el 2006.

Publicó en el año 2015 un poemario titulado "Galatea", una recopilación de poemas dedicados a exaltar a la mujer de diversas formas en especial la romántica. Ha participado en diversas antologías entre ellas: "Universo XIII Blue Poetry" de Las Azabaches y "Divertimento Antología Poética".

En el 2016 fue jurado en el Tercer Certamen de Escritura de Cuento y Poesía del Círculo Literario Antonio Ferrer Atilano. En el 2018, fue panelista en el 1er Congreso Nacional de Escritores y Escritoras del Pen Club de PR en la UPR de Rio Piedras. Fue jurado en el 4to del Certamen Internacional de Siglema 575 del 2018, es padre de dos niños, es Coach Ejecutivo Organizacional, Empresario y Presidente de Torres Aponte Service.

"Edwin Torres personifica al tiempo como un ser cruel. Nos hace reflexionar sobre nuestro tiempo, obligándonos a introspeccionar. Llevándonos de la mano en cada escena que pincela con sus versos."

Rebecca Morales

"Al igual que en la vida, es el tiempo que va definiendo cada verso escrito en Cronos; sentimientos cotidianos que transcurren en nuestras almas y en nuestros cuerpos."

Lisa María Hernández

"El tiempo no perdona ni se detiene y Edwin Torres en este poemario captura en cada uno de sus versos el paso de éste y sus estragos en cada aspecto de nuestra vida. Como el tiempo nos envuelve en el tic tac del reloj para dejar su huella en el camino que recorremos y como la arena que cae en el receptáculo del tiempo nos inspira, nos mueve y captura en el amor, la vida y la existencia misma."

Natalie Martínez Valles

Made in the
USA
Middletown, DE